Kopftuch

BIOGRAFIE

Patricia Mennen wurde 1961 in Augsburg geboren. Nach dem Studium hat sie viele Jahre als Lektorin in einem Kinderbuchverlag gearbeitet. Inzwischen konzentriert sie sich ganz auf das Schreiben von Büchern für Kinder und Jugendliche.

Heute lebt sie als freiberufliche Autorin mit ihrer Familie in Süddeutschland und in der Provence.

PATRICIA MENNEN

Kopftuch

Patricia Mennen
Kopftuch
Teen Readers, Stufe 0

Bearbeitet von: Iris Felter
Illustrationen: Niels Roland
Grafiker: Jytte West/Westdesign

Verlagsredaktion: Ulla Benzon Malmmose

ISBN Dänemark 978-87-23-90630-4

www.easyreader.dk

Gedruckt in Dänemark von
Sangill Grafisk Produktion, Holme Olstrup

In Deutschland ist alles anders

»Bist du fertig?«

Sibel dreht sich erschrocken um.

Hatice, ihre Stiefmutter, steht direkt hinter ihr.

Sie hält Sibel ihren Mantel hin. Dann bindet sie ihr ein weißes Kopftuch um. 5

Seit Sibel in Deutschland lebt, bestimmt ihre Stiefmutter, wie sie sich kleidet.

Eigentlich mag Sibel es gar nicht, bei 30 Grad mit Mantel 10 und Kopftuch herumzulaufen.

Viel lieber möchte sie mit Lola und den anderen Mädchen zum Schwimmen.

Aber daran ist nicht zu denken. Hatice sieht so etwas nicht 15 gern.

Das ist ganz schön hart für Sibel.

Denn sie hat früher bei ihren Großeltern in der Türkei ganz anders gelebt. Ohne Kopftuch.

20

»Wir gehen zu Metin. Er hat frische Ware bekommen«, sagt Hatice, »danach gehen wir in den Gebetsraum. Der *Hodscha* liest aus dem *Koran* vor.«

---

der Hodscha Vorbeter und Lehrer in der Türkei und in türkischen Gemeinden
    außerhalb der Türkei
der Koran die heilige Schrift des Islam

Sibel mag den Hodscha hier in Deutschland nicht.

Er ist sehr streng.

Für ihn sind alle Nicht-Muslime schlechte Menschen.

Der Hodscha in der Türkei war anders. Er sagte immer,

5   dass *Allah* für alle Menschen da ist.

»Kann ich nicht zu Hause bleiben?«, fragt Sibel. »Wir schreiben morgen eine Mathearbeit.«

»Warum straft Allah mich mit so einer Tochter? Du

10   weißt, wie ich über deine Schule denke. Nur *unnützes Zeug* lernst du dort.«

Sibel sagt nichts.

Wenn sie Hatice *widerspricht*, erzählt die alles ihrem

15   Vater. Und der ist dann traurig.

Seit ihr Vater sie nach Deutschland geholt hat, ist alles anders.

In der Türkei lebte sie wie Lola und die anderen deut-

20   schen Mädchen.

Sie hatte Jeans und T-Shirts an. Sie durfte Freunde treffen.

Doch das ist nun schon über ein Jahr her.

25   Metin ist ein Cousin ihrer Stiefmutter.

Während er Tomaten und Petersilie einpackt, spricht er leise mit Hatice.

Sibel kann nur wenig davon hören.

Allah Gott in der islamischen Religion
unnützes Zeug etwas, das man zu nichts gebrauchen kann
widersprechen dagegen sein und es sagen

»…wird langsam Zeit … Kasim kommt bald … Heirat …«
Dann sieht sie draußen Lola auf ihrem Fahrrad.

Lola öffnet die Ladentür und kommt herein.
5   »Hi, Sibel! Tag, Frau Cetinkaya.«
Lola zieht Sibel zur Seite. »Und? Was ist? Kommst du
mit zum Schwimmen?«
Sibel *schüttelt* den Kopf.

10 Lola versteht das nicht.
Sibels Eltern *verbieten* ihr alles, was Spaß macht.
Immer muss sie zu Hause helfen. Immer muss sie in
den Gebetsraum oder in die Moschee gehen.
Ein *Wunder*, dass sie noch Zeit für ihre Hausaufgaben hat.
15   In der Schule ist Sibel nämlich supergut. In fast jedem
Fach ist sie die Beste.

»Kannst du deiner Mutter nicht einfach erzählen, dass wir
bei mir lernen?«, fragt Lola. »In Wirklichkeit gehen wir
20 dann schwimmen. Du kannst einen Bikini von mir haben.«
»Das kann ich nicht«, antwortet Sibel. »Meine Brüder
sind sicher im Schwimmbad.«
»Na toll! Deine Brüder dürfen schwimmen gehen und
du nicht!«
25   »Nasrin und Kadir sind eben Männer«, sagt Sibel. »Und
sie halten sich streng an unsere Regeln.«
Dabei weiß sie genau, dass ihre beiden Stiefbrüder
heimlich Alkohol trinken.

---

schütteln hier: mit dem Kopf »Nein« sagen
verbieten nicht erlauben
das Wunder hier: etwas Fantastisches

Sie weiß auch, dass sie Hefte mit nackten Frauen versteckt haben. Vor dem Hodscha und ihrer Mutter tun die beiden aber immer ganz brav.

Der schwere Anfang
in der Schule

Heute mag Lola Sibel sehr.

Aber als Sibel zum ersten Mal in die Klasse kam, sah sie schlimm aus. Langer, grauer Mantel und dieses schreckliche Kopftuch.

5 Der Klassenlehrer hatte das türkische Mädchen einfach neben sie gesetzt.

»Die mache ich fertig«, hatte Lola gedacht. Sie war richtig *gemein* zu ihr.

10 Am Anfang waren alle gemein zu Sibel.

Boris und Kai versuchten immer, Sibel zu ärgern.

Sie sagten ›*Mantelpavian*‹ und ›*Kopftuch-Tuss*‹ zu ihr.

Es wurde immer schlimmer.

15 Bis eines Tages:

In der Pause nimmt Boris Sibel die Schultasche weg. Er und Kai spielen damit Fußball.

Sibel bleibt wie immer auf ihrem Platz sitzen und liest

20 in einem Buch.

Darüber ärgern sich Boris und Kai.

---

gemein böse
Mantelpavian verletzender, spöttischer Ausdruck
Kopftuch-Tuss verletzender, spöttischer Ausdruck

»Na, du *Schlampe*«, sagt Boris. »Du fühlst dich wohl wie etwas Besonderes?«

Sibel sagt nichts.

Boris zieht ihr das Buch weg und wirft es auf den Boden.

Sibel will es wieder aufheben, aber Boris stellt seinen Fuß darauf.

»Sag ›Bitte‹!«

Die anderen in der Klasse sehen interessiert zu.

Sibel sagt mit ruhiger Stimme: »Bitte, gib mir mein Buch zurück.«

Boris hält seine Hand ans Ohr. »Ich kann dich nicht verstehen. Sag es noch einmal, aber lauter.«

Alle lachen.

»Bitte, gib mir mein Buch zurück.«

»Zieh dein Kopftuch aus und sag noch einmal ›Bitte‹!«

Es ärgert Boris, dass Sibel so ruhig bleibt. Er nimmt ihre Tasche, so dass der Inhalt auf den Boden fällt.

»Los, Kai, hilf unserer Türkin mal mit dem Kopftuch!«

Kai will Sibel von hinten das Kopftuch vom Kopf reißen. Doch Sibel ist schneller.

Sie boxt Kai in den Bauch, *packt* Boris und wirft ihn auf den Boden.

Lola und die anderen in der Klasse schauen mit großen Augen und offenem Mund zu.

Schlampe unordentliche und ungepflegte Frau
packen greifen, festhalten

In diesem Augenblick kommt der Klassenlehrer.

»Was ist denn hier los?«, fragt er und schaut auf Boris, der immer noch auf dem Boden liegt.

»Gar nichts«, sagt Sibel. »Meine Tasche ist nur runter-
5 gefallen.«

Lola hilft Sibel mit der Tasche.

Sie findet sie plötzlich ganz cool.

Von diesem Tag an haben Boris und Kai Sibel in Ruhe
10 gelassen.

Und Lola hat eine neue Freundin.

Lola hat eine Idee

Nach dem Schwimmen besucht Lola Sibel zu Hause. Frau
Cetinkaya öffnet die Tür.

»Guten Tag, kann ich bitte kurz zu Sibel?«

»Sibel nix viel Zeit«, antwortet Frau Cetinkaya.

Lola kennt das schon.

Mit freundlichem Lächeln sagt sie: »Bitte« und drückt
sich an der Stiefmutter vorbei.

Sibel steht vor der Tür zu ihrem Zimmer und lacht leise.

Lola schafft es immer wieder.

»Ohne Kopftuch siehst du toll aus«, sagt Lola, als sie in
Sibels Zimmer sind. »Du gehst am Samstag mit mir zum
Schulfest!« Den ganzen Nachmittag hat Lola über ihren
Plan nachgedacht.

»Aber, du weißt doch, dass meine Eltern mir das verbieten.
Das gehört sich nicht.«

»Meinst du das auch?«, fragt Lola.

»Nein, natürlich nicht. Ich glaube nicht, dass Allah etwas dagegen hat, wenn ich auf ein Schulfest gehe.«

»Am Samstag ist doch diese große türkische *Hochzeit*. Du hast
erzählt, dass alle Türken in der Nachbarschaft da hingehen.«

---

die Hochzeit Fest, weil ein Paar geheiratet hat

13

»Und? Was hat das mit dem Schulfest zu tun?« Sibel schaut Lola fragend an.

»Mensch, das ist doch klar! Du bist am Samstag plötzlich krank. Natürlich nicht wirklich und nicht zu schlimm. Dann gehen deine Eltern alleine auf die Hochzeit. Und wenn sie weg sind, gehst du mit mir auf das Fest. Toller Plan, oder?«

Sibel denkt nach. Lolas Idee ist unmöglich. Das kann nicht gut gehen.

Oder doch?

Dann muss sie lügen.

Hatice ist ihr egal. Aber bei ihrem Vater ist das etwas anderes. Sibel liebt ihn.

Doch seit er Hatice geheiratet hat, hat er sich sehr verändert.

Jetzt ist alles, was Spaß macht, verboten.

Das macht sie wütend.

»Ich komme mit!«, sagt sie.

»Ich bring dir ein paar tolle *Klamotten* mit!« Lola freut sich.

---

die Klamotten Kleidungsstücke

Liebe auf den ersten Blick?

Matze fängt an. Er ist neu in der Band. Als Gitarrist und Sänger muss er für gute Stimmung sorgen.

Die ersten Minuten sind die wichtigsten, hat Andi gesagt.

Alle da unten tanzen und singen mit.

Die Band spielt einen Song nach dem anderen. Dann ist Schluss.

»Mehr, mehr!«, brüllen alle.

Andi wartet ein bisschen. Die Band spielt noch drei Lieder. Dann stellt Andi die Anlage ab.

Zwei Mädchen kommen hinter die Bühne.

Die eine ist Lola, Andis Schwester. Die andere hat Matze noch nie gesehen. Er schaut sie mit großen Augen an.

Sie sieht toll aus.

Alles an ihr ist perfekt.

»Hat dir unsere Musik gefallen?«, fragt er.

Das Mädchen strahlt. »Ja, super! Am besten hat mir der Gitarrist gefallen.«

Matze weiß gar nicht, was er sagen soll. So etwas hat ihm noch nie ein Mädchen gesagt.

»Sag mal, kennen wir uns nicht?«, fragt er dann.

Das Mädchen lacht.

»Na klar, kennst du mich«, antwortet sie. »Ich bin Sibel,

der ›Mantelpavian‹ aus der 9c.«

»Das glaube ich nicht!«, sagt Matze.

Sibel lacht verlegen. »Na ja, aber ab Montag siehst du mich
5 wieder verpackt.«

»Trägst du dein Kopftuch denn nicht freiwillig?«

Sibel schüttelt traurig den Kopf.

Matze kennt viele junge Türkinnen, die stolz auf ihre
Kopftücher sind. Aber dass man Sibel dazu *zwingt*, findet er
10 nicht gut.

»Sibel, komm mit. Da draußen gibt es noch Tanzmusik.«

Lola zieht Sibel hinter sich her.

Matze überlegt, ob er ihr hinterherlaufen soll. Aber viel-
15 leicht mag sie das nicht.

Mann, wie kann er so ein Mädchen einfach laufen lassen.

Er kann nur an Sibel denken.

Er muss sie wiedersehen.
20 Langsam geht er über den Schulhof. Überall stehen
noch Schüler. Sie reden und lachen.

Ob er sie suchen soll?

Plötzlich steht Sibel einfach neben ihm.
25 Völlig überraschend. So, als ob sie auf ihn gewartet hat.

Und sie ist allein.

»Schön, dich wieder zu sehen«, sagt sie.

Matze bringt kein Wort heraus.

---

zwingen durch Drohung oder Gewalt jemanden dazu bringen, etwas zu tun

16

Er schaut sie nur an. Sibels Augen strahlen wie Sterne am Abendhimmel.

Sein Herz klopft immer schneller. Im Bauch hat er ein komisches Gefühl.

5 Wenn nicht gleich etwas passiert, explodiere ich, denkt er.

Matze zieht sie zu sich heran, bis sie ganz nah vor ihm steht.

10 Sie lässt es geschehen.

Als er ihre Haare streichelt, strahlen ihre Augen immer noch.

Sie legt ihr Gesicht in seine Hand.

Zärtlich beugt er sich zu ihr und küsst sie.

15

Es ist wie im Traum.

In diesem Moment könnte die Welt untergehen!

Der Traum von einem anderen Leben

Sibel liegt im Bett.

Was hat sie nur getan? Sie hat einen Jungen geküsst. Einen Deutschen!

Sie denkt an Matze und ihr Herz schlägt schneller.

Am liebsten will sie allen erzählen, dass sie verliebt ist. So schön ist es!

Lange dauert das Gefühl aber nicht. Sie weiß, dass sie etwas streng Verbotenes gemacht hat.

Plötzlich ist sie ganz traurig.

Sie hört Schritte. Die Eltern und die Brüder kommen von der Hochzeit nach Hause.

Zum Glück liegt sie schon im Bett!

Lolas Klamotten hat sie in ihrer Schultasche versteckt. Da schaut ihre Stiefmutter nie nach.

Die Tür zu ihrem Zimmer öffnet sich.

»Schläfst du schon?«, fragt ihr Vater leise.

Sibel antwortet nicht. Sie fühlt sich schlecht. Warum belügt sie ihren geliebten Vater?

Die Tür schließt sich leise.

Es wird still in der Wohnung.

Aber Sibel kann nicht schlafen.

Was wohl ihre Mutter zu Matze gesagt hätte? Wenn sie noch leben würde … ?

Nach dem Tod ihrer Mutter hat ihr Vater sie bei den Großeltern in der Türkei gelassen. Das war sicher nicht leicht für ihn.
Aber sie war ja damals noch ein Baby, und er musste in Deutschland arbeiten.

Nun ist Hatice da, und ihr Vater ist ein anderer geworden.
Hatice und ihr Vater finden es nicht gut, dass Sibel nach der Schule eine Ausbildung machen will.
Sibel darf nicht einmal davon reden.

Aber sie träumt von einem anderen Leben.
So wie Hatice will sie niemals leben. Als Frau immer nur zu Hause sein.
Sie will die Welt kennen lernen.
Am liebsten mit Matze.
Denn so glücklich und frei wie heute Abend hat sie sich ewig nicht gefühlt.

Die neue Sibel

»Bist du sicher?«, fragt Lola.

Sibel *nickt*. Sie geht auf die Schultoilette.

Lola wartet draußen auf sie.

Sibel hat sich verändert. ₅

Gestern hat sie Lola angerufen. Sie hat sie gebeten, ihr Jeans und Tops mitzubringen.

Lola weiß, dass die Familie von Sibel davon nichts wissen darf. Sonst gibt es er großen Ärger. Und erst recht wegen Matze ₁₀

»Kannst du Sibel sagen, dass ich in der großen Pause auf sie warte? Am Haupteingang.« Matze kommt auf Lola zu.

»Klar kann ich das.«

₁₅

Sibel kommt aus der Toilette und sieht toll aus. Sie hat eine perfekte Figur.

Auf dem Weg ins Klassenzimmer drehen sich einige Schüler nach Sibel um. Der hässliche ›Mantelpavian‹ hat sich in eine Schönheit verwandelt. ₂₀

Und zum ersten Mal fällt Boris und Kai keine blöde Bemerkung ein.

Auch der Klassenlehrer sagt kein Wort. Aber er sieht Sibel nachdenklich an.

---

nicken   mit dem Kopf »Ja« sagen

Nach der Stunde soll Sibel im Klassenzimmer bleiben.

Lola will schon rausgehen.

»Du kannst ruhig dableiben«, meint der Lehrer. »Was ich Sibel sagen will, kannst du gern hören.«

Sibel sieht ihn an. »Werden Sie mit meinem Vater sprechen.«

»Nein«, antwortet der Lehrer, »aber weißt du, was du da tust?«

»Klar! Ich will nicht mit Kleidern rumlaufen, die mir nicht gefallen.«

»Und was sagen deine Eltern dazu?«

»Sie wissen es nicht. Zu Hause bin ich die brave Tochter.«

»Du hast viel Mut. Das ist nicht einfach. Du kannst nicht lange ein Doppelleben führen.«

»Kann ich jetzt gehen?«

Der Lehrer gibt Sibel eine Karte mit seiner Telefonnummer.

»Du kannst mich gern anrufen, wenn du Probleme hast.«

»Was war das denn?«, fragt Lola. »Wie du dich anziehst, geht doch den Lehrer nichts an!«

»Ist mir doch egal. Hast du Matze heute schon gesehen?«

»Oje, das habe ich fast vergessen. Der wartet am Haupteingang auf dich!«

Sibel hat es plötzlich sehr eilig.

Die Eltern planen Sibels *Zukunft*

Sibel bringt die Teegläser ins Wohnzimmer.

Ihr Vater, die Brüder und der Hodscha sitzen um den Wohnzimmertisch.

Hatice sitzt weiter weg am Fenster.

5 Sibel will wieder aus dem Zimmer gehen, aber der Vater hält sie zurück.

»Sibel, der Hodscha und ich möchten mit dir sprechen.«
Sibel bleibt erschrocken stehen.

10 Hat sie jemand mit Matze gesehen?
Langsam dreht sie sich um.
Ihre Knie sind weich wie Pudding.

Der Hodscha lächelt sie an.

15 »Es wird Zeit, für deine Zukunft zu sorgen«, sagt er.
Sibel wird unruhig.
Was geht ihn ihre Zukunft an?

»Deine Eltern haben dir einen Ehemann ausgesucht.«
20 Sibel kann es nicht glauben.
»Du wirst mit ihrer Wahl sehr zufrieden sein«, meint der Hodscha.

---

die Zukunft Zeit, die noch nicht da ist, sondern erst kommt

Das ist ein schlechter Traum, denkt Sibel. Gleich wacht sie auf.

»Seht nur, sie kann vor Glück nichts sagen!« Das ist Hatices Stimme. »Willst du nicht wissen, wer es ist?«

Natürlich will Sibel es nicht wissen.
Sie will, dass alles nicht wahr ist.
»Er heißt Kasim und ist ein tüchtiger Mann, ein gläubiger Muslim«, erzählt ihr Vater. »Und er gehört zur Familie. Er ist der Bruder von Hatice.«

Sibel starrt ihren Vater an. »Aber das geht doch gar nicht.«
Das kann der Vater doch nicht mit ihr machen. Er kann sie doch nicht gegen ihren Willen verheiraten mit einem fremden Mann.
Wut steigt in ihr hoch.
»Ich bin viel zu jung zum Heiraten«, sagt sie.
»Ich war vierzehn, als ich deinen Vater geheiratet habe«, sagt Hatice.
»Aber ich bin nicht wie du!« Sibel wendet sich an ihren Vater.
»Ich will keinen Mann, den ich nicht liebe! Du hast Mama doch auch aus Liebe geheiratet!«
»Was weißt du denn über Liebe?«, ruft Hatice.

Nun wird Sibel richtig wütend. »Ich will noch nicht heiraten. Ich bin erst fünfzehn. Ich will zur Schule gehen und später eine Ausbildung machen.«

Der Vater sagt kein Wort.

»Du musst tun, was deine Eltern sagen.« Die Stimme des Hodscha ist kalt. »Heirate erst mal und du wirst zufrieden sein.«

»Ich will selbst über mein Leben bestimmen.«

₅

»Das ist die Schule!«, sagt Hatice aufgeregt. »Die Schule tut ihr nicht gut. Und du bist nie streng genug mit deiner Tochter, Hassan. Es ist deine Schuld!«

»Schluss«, sagt der Hodscha.

₁₀

»Geh sofort auf dein Zimmer. Ich will dich hier nicht mehr sehen. Wir sprechen später darüber«, sagt der Vater und schaut Sibel dabei nicht an.

₁₅ Sie verlässt den Raum.

Ihr Vater ist so schwach. Er tut alles, was Hatice und der Hodscha sagen.

Warum hat er sich so verändert?

₂₀ Sibel setzt sich auf ihr Bett. Sie möchte Matze alles erzählen.

Aber das geht nicht.

Sie lebt zwei verschiedene Leben.

Zu Hause ist sie die artige Tochter. Sie betet fünfmal am ₂₅ Tag und macht alles, was ihr Vater, die Brüder und die Stiefmutter sagen.

In der Schule ist sie die Sibel, die sie sein möchte - und die sie in der Türkei bei den Großeltern immer war.

₃₀ Der Klassenlehrer hat es ihr ja gesagt.

So ein Doppelleben geht nicht lange.

Ist jetzt alles aus?

Eine Woche ohne Sibel!

Matze kann nicht schnell genug in die Schule kommen. Eine ganze Woche musste er zu Hause bleiben. Er war krank.

Auf dem Schulhof ist sie nicht. Ist sie noch in der Toilette und zieht sich um?

Er wartet.

Dann sucht er sie in ihrem Klassenzimmer.

Aber da ist nur Lola.

Er will sie gerade fragen, aber da geht die Tür auf und Sibel kommt herein.

Matze wundert sich.

Was soll das denn? Spielt sie heute wieder den ›Mantelpavian‹? Oder hatte sie keine Zeit, sich umzuziehen? Egal.

Er geht auf sie zu und will sie umarmen.

»Hallo Sibel, schön dich zu sehen!«

Sie nickt nur kurz und nimmt seine Hand von ihrer Schulter. Sie sieht ihn nicht an.

Matze ist hilflos.

Er versteht die Welt nicht mehr.

»Lass Sibel in Ruhe«, sagt hinter ihm Lola. »Es geht ihr im Moment nicht gut.«

Es klingelt.

Matze geht in sein eigenes Klassenzimmer.

Vom Unterricht bekommt er nichts mit. Er kann nur an Sibel denken.

Was ist nur mit ihr los?

Endlich klingelt es. Es ist Pause.

Matze hat es eilig.

Auf dem Gang trifft er den Klassenlehrer von Sibel.

»Tag Matze, wieder gesund?«

»Ja!«

»Übt die Band schon wieder?«

»Klar! Hab jetzt nur keine Zeit.«

Matze will weiter, doch der Lehrer stoppt ihn.

»Du willst sicher zu Sibel?«

»Was dagegen?«

»Ihre Brüder lassen sie nicht aus den Augen. Nicht auf dem Weg zur Schule und auch nicht in den Pausen. Sei also vorsichtig, Matze!«

»Haben die das mit Sibel und mir herausgefunden?«

»Ich weiß es nicht. Frag Lola.«

Matze geht zu Sibels Klassenzimmer. Er muss sie sprechen.

An der Tür hält Lola ihn zurück.

»Lass Sibel in Ruhe! Sie will dich nicht mehr sehen.«

»Das glaube ich nicht. Das soll sie mir selber sagen.«

»Sie will dich aber wirklich nicht sehen.«

»Dann sag du mir, was mit ihr los ist!«

»Sie hat großen Ärger mit ihren Eltern. Sie wissen von dir und Sibel.«

»Na und? Dann ist es jetzt offiziell.«

»Sie haben Sibel deswegen *geschlagen*«, erzählt Lola.

Matze kann es nicht glauben.

»Das dürfen sie nicht!», sagt er dann. »Ich rede mit   5
ihnen.«

»Tu das nicht!«, sagt Lola. »Ich kenne ihre Familie. Nasrin und Kadir schlagen dich halb tot. Und Sibel muss dann noch mehr leiden.«

---

schlagen hier: jemand z.B. mit der Hand wehtun

Sibel wird *bewacht*

Nasrin und Kadir warten auf Sibel.

»Da kommt sie ja, die Schlampe!«

»Die muss froh sein, wenn Kasim sie noch heiratet!«

Die Brüder sprechen über Sibel, aber nicht mit ihr.

5

Seit einer Woche darf sie nicht mehr allein aus dem Haus gehen.

Und das nur, weil Hatice einen Liebesbrief von Matze gefunden hat.

10

Normalerweise geht ihre Stiefmutter nie in ihr Zimmer. Es ist Sibels Aufgabe, die Betten zu machen.

Sibel hatte Matzes Brief unter ihr Bett gelegt.

Sie war sicher, dass ihn dort niemand findet.

15   Doch das war ein Fehler!

Als sie von der Schule kam, warteten alle auf sie.

Hatice hatte ihr ins Gesicht geschlagen und gejammert: »Was für eine *Schande* hast du über uns gebracht?«

20   Auch Kadir und Nasrin beschimpften sie und nannten sie ›*Nutte*‹.

»Ich liebe Matze«, hatte Sibel gesagt.

---

bewachen auf jemanden aufpassen und nicht aus den Augen lassen

die Schande etwas, das dem Ansehen sehr schadet

die Nutte Prostituierte

Da hatte ihr Vater sie am Arm gepackt. »Du wagst es, das zu sagen? Du ziehst unsere ganze Familie in den Schmutz. Du bringst Schande über uns. Allah wird dich bestrafen! Und ich werde sein Werkzeug sein.«

Sein Blick dabei war schlimmer als seine Schläge. 5

Sibel hat Angst.

Sie macht sich große Sorgen. Wenn ihre Familie weiß, wer Matze ist, dann ist er in Gefahr. Deshalb will sie ihn nicht wiedersehen. 10

Das ist die einzige Möglichkeit, ihn zu schützen.

Sie wird die brave Tochter spielen, bis die Sache vergessen ist.

Matze spricht mit seinen Eltern

Wie kann jemand nur so gemein sein und seine Tochter schlagen?

Matze weiß von Lola, dass Sibel keinen Schritt mehr allein machen darf.

5   Das ist ja wie im Gefängnis!

Seine Eltern sind okay. Vielleicht können sie ihm einen vernünftigen Rat geben?

Zum ersten Mal erzählt er ihnen, dass er seit einiger 10   Zeit eine türkische Freundin hat.

Er erzählt auch, dass sie von ihren Eltern bewacht wird. Und dass er nicht weiß, wie er sie da rausholen kann.

»Und was denkt Sibel?«, fragt seine Mutter.

»Ich weiß es nicht«, antwortet Matze. »Ihren Vater hat 15   sie richtig gern. Aber er hat sich verändert, seit er mit ihrer Stiefmutter zusammen ist. Die zwingt Sibel, Kopftuch und Mantel zu tragen.«

»Also will Sibel das gar nicht?«

20   Matze lacht ein wenig. »Sie hat sich jeden Tag in der Schule umgezogen. Aber das macht sie jetzt nicht mehr. Sie spricht auch nicht mehr mit mir.«

»Da kannst du nichts machen«, sagt Matzes Vater nach einer Weile. »Du bist Christ, und wenn die Familie wirklich so strenggläubig ist, akzeptieren sie dich nie.«

»Meinst du, ich soll sie in Ruhe lassen? Das kann ich
nicht!«
    Matze steht auf. 5

Die Stimme seines Vaters wird härter.
    »Ich sage dir, lass die Finger von dem Mädchen. Hast
du dir mal überlegt, was ihre Brüder mit dir machen werden?« 10

»Das ist mir egal!« Matze hat genug. »Ihr wisst ja nicht,
wie das ist. Wenn man wirklich verliebt ist!«

Er will Sibel da rausholen. 15
    Und wenn es nicht anders geht, geht er gemeinsam mit
ihr weg von hier.

Das heimliche Treffen bei Lola

Matze hat Lola von seinem Plan erzählt.

Wenn Sibel einverstanden ist, können sie bald in Sicherheit sein. Er will mit ihr nach Hamburg gehen.

Sein Onkel wohnt dort.

5 Bei ihm können sie einige Zeit bleiben.

Seit einer halben Stunde sitzt Matze bei Lola zu Hause in der Küche.

Zum hundertsten Mal schaut er auf die Uhr.

10 »Keine Angst«, sagt Lola. »Sie kommt schon noch.«

Es klingelt.

Matze will schnell zur Tür gehen. Doch Lola hält ihn zurück.

15 »Bleib hier. Wer weiß, vielleicht sind ihre Brüder auch da. Sie dürfen dich nicht sehen!«

Matzes Herz klopft ganz schnell.

Sibel steht in der Tür.

20 Lola schiebt sie in die Küche.

»Ich lass euch dann mal allein«, sagt sie. »In einer Stunde bin ich zurück.«

Matze ist plötzlich ganz hilflos. Sibel sieht so fremd aus

25 mit ihrem Kopftuch.

»Tut mir leid«, sagt sie leise. »Ich will dir nicht wehtun.

Ich habe zu spät verstanden, dass das mit uns nicht geht.«

»Aber das ist doch Quatsch!«, ruft Matze. »Wenn deine Eltern gegen uns sind, gehen wir eben woanders hin.«

Sibel sieht Matze an. »Das willst du für mich tun?«

»Natürlich. Ich habe schon alles geplant. Wir gehen zu meinem Onkel nach Hamburg. Da findet uns niemand.« 5

Matze steht direkt vor Sibel.

Er streichelt zärtlich über ihr Gesicht.

Wie schön sie ist! 10

Vorsichtig zieht er ihr Kopftuch weg. Sibel sagt nicht »Nein«. Aber sie weint ein bisschen.

Da kann Matze nicht anders. Er küsst sie. Und Sibel küsst ihn auch.

15

»Das dürfen wir nicht«, ruft Sibel plötzlich und weint wieder. »Ich habe Angst.«

»Du musst keine Angst haben!«

Matze will sie wieder küssen, aber Sibel geht einen Schritt zurück. 20

»Es geht nicht«, sagt sie. »Wir kommen aus verschiedenen Welten.«

»Aber das ist doch Quatsch!«, ruft Matze verzweifelt. »Wir verstehen uns doch.«

»Ja, aber du bist Christ und ich bin Muslimin. Das ist gegen Allahs Gesetz.« 25

»Aber das hast du doch vor Kurzem ganz anders gesehen.«

»Das war eben falsch!«

Sibel bindet ihr Kopftuch um und verlässt die Wohnung. 30

Matze steht einfach da und kann nicht glauben, was Sibel gerade gesagt hat.

Matze wird überfallen

»Da ist das Schwein! Du hast Recht!«
»Den schnappen wir uns!«
Bis Matze versteht, was los ist, sind Nasrin und Kadir
schon hinter ihm.

5

Nasrin packt ihn an der Jacke.
»Was hast du mit unserer Schwester gemacht?«
»Hee, was willst du? Lass mich los!«
Ehe Matze reagieren kann, kommt der erste Schlag.
10 Ein Volltreffer, in den Magen.
Er sinkt zusammen.

Der nächste Schlag trifft sein Gesicht. Matze blutet.
»Das ist dafür, dass du die Ehre unserer Familie in den
15 Schmutz gezogen hast!«
Matze will sich an der Mauer festhalten.
Doch Nasrin gibt ihm noch einen Tritt, so dass er auf
die Knie sinkt.
Er versucht, sein Gesicht mit den Armen zu schützen.
20 Aber Nasrin und Kadir schlagen ihn immer wieder und
treten mit den Füßen auf ihn ein.
Matze hat starke Schmerzen.
Dann hört er plötzlich Sibel schreien.

25 Erst da lassen die beiden Brüder von ihm ab.

Er will aufstehen, aber die Schmerzen sind zu stark.
Er schafft es nicht.

Dann ist Lola bei ihm.
»Sibel ... ?«
Matzes Stimme ist schwach.
Alles tut ihm weh.

»Oh Mann, was haben die mit dir gemacht?«
Lola ist erschrocken. »Soll ich einen Krankenwagen
rufen?«
Matze schüttelt vorsichtig den Kopf.
Dann tut er, was er noch nie getan hat. Schon gar nicht
vor einem Mädchen.
Er weint.

Zu Hause wartet Kasim

Sibel rennt, so schnell sie kann. Sie weint.

Sie weiß nicht, was mehr wehtut: dass ihre Brüder Matze geschlagen haben, oder dass alles zwischen ihnen zu Ende sein muss.

»He, bist du blöd?«, ruft Nasrin.

»Sei froh, dass Kasim zu Hause auf dich wartet,« sagt Kadir wütend.

»Kasim?«, fragt Sibel erschrocken.

Kadir lacht. »Du hast schon richtig gehört. Kasim, den du bald heiratest. Er wartet auf dich. Hassan hat ihn vom Flughafen abgeholt.«

Sibel fühlt sich schrecklich. Sie möchte weglaufen, aber die Brüder halten sie fest.

Jetzt ist alles aus, denkt sie.

Aber es kommt noch schlimmer.

Zu Hause folgt Sibel ihrer Stiefmutter ins Wohnzimmer.

Auf dem Sofa sitzt ein fremder Mann. Er ist dick und sein Haar ist grau.

Ihr Vater begrüßt sie mit einem Lächeln.

Der Fremde steht auf. »Hallo, Sibel, meine Schöne«, sagt er und sieht sie von oben bis unten an.

Zum ersten Mal ist Sibel froh, dass sie ein Kopftuch trägt.

»Du musst keine Angst haben«, sagt Hatice und schiebt Sibel weiter nach vorn.

»Setz dich«, sagt ihr Vater. »Kasim und ich sind uns einig. Wir feiern noch in diesem Jahr eure Hochzeit.«

Sibel presst die Lippen zusammen. ›Lass das bitte nicht wahr sein!‹, denkt sie.

Sie will aufstehen und aus dem Zimmer gehen.

»Du bleibst sitzen. Wir gehen jetzt nach nebenan«, sagt ihr Vater streng.

»Ich will nicht allein sein mit Kasim«, ruft Sibel.

»Setzt dich wieder hin!«

Sibel schaut nach unten auf den Teppich. Niemand kann sie zwingen zu sprechen.

»Du bist schön«, sagt Kasim.

Er greift nach ihrer Hand und hält sie fest. Mit seiner anderen Hand streichelt er ihr Gesicht.

Sibel wendet sich ab.

»Lass das, ich mag das nicht!«

Kasim versucht, sie zu küssen.

Mit aller Kraft stößt Sibel ihn von sich.

»Komm her, meine Schöne! Oder soll ich es deinem Vater sagen?«

»Lass mich in Ruhe!«, ruft Sibel.

Kasim lacht.

»Komm her!«, sagt er.

»Ich bin nicht deine *Sklavin*! Ich heirate dich nicht! Niemals!«

Wütend läuft Sibel aus dem Wohnzimmer.

Draußen warten ihr Vater, Hatice und die Brüder. Sie schauen sie mit großen Augen an.

»Ihr könnt mich nicht zwingen!«, ruft sie.

Das Gesicht ihres Vaters ist weiß vor Wut.

»Du gehst sofort zu Kasim und entschuldigst dich!«

»Nein!«

Hatice schlägt sie ins Gesicht. »Du beschmutzt unsere Ehre!«

»Ihr könnt mich nicht zwingen«, weint Sibel.

Hassan hebt seine Hand, aber er schlägt nicht zu.

»Geh auf dein Zimmer!« Seine Stimme klingt hart.

Sibel geht.

---

die Sklavin weibliche Person, die unfrei und abhängig ist

Es gibt nur einen Ausweg
für Sibel

Sie weint nicht mehr.

Sie weiß, dass sie so nicht weiterleben kann.

Sie will Kasim nicht heiraten. Und sie will nie wieder ein Kopftuch tragen.

5 Frauen untereinander tragen kein Kopftuch, denkt Sibel. Nur wenn Männer da sind, müssen sie sich verstecken.

Das hat sie viel zu lange akzeptiert.

Jetzt weiß sie, dass es unter dem Kopftuch eine andere
10 Sibel gibt.

Ich verlasse meine Familie, aber es macht mir nichts aus, denkt sie.

Wenn ich bleibe, ist mein Leben zu Ende.

Schule und Ausbildung kann ich vergessen, auch alle
15 Träume für die Zukunft.

In ihrer Schultasche sind noch die Jeans, die Lola ihr geschenkt hat. Sie zieht sie an und packt noch etwas Wäsche ein.

20

Dann wartet sie.

Es dauert lange, bis alle schlafen gehen.

Endlich ist es ruhig.

Sibel wartet noch länger. Sie will ganz sicher sein.

Erst lange nach Mitternacht öffnet sie die Tür.

Alles ist still.

Gleich ist sie an der Haustür.

Dann sind es nur noch ein paar Schritte in die Freiheit. 5

Plötzlich macht jemand das Licht an.

Sibel rennt schnell die Treppe hinunter und versteckt sich. Ihr Herz klopft ganz schnell.

10

Wieder wartet sie lange.

Dann endlich läuft sie zur Haustür.

Nur raus hier!

Sie rennt und rennt. Links in die Seitenstraße, dann wieder 15 nach rechts. In der Hand hält sie die Karte mit der Telefonnummer von ihrem Lehrer.

Von einer Telefonzelle aus ruft Sibel ihn an und erzählt ihm alles.

20

»Bleib ganz ruhig!«, sagt ihr Lehrer. »Ich gebe dir eine Nummer, und da rufst du jetzt gleich an! Versprich es mir!«

Sibel ist immer noch so aufgeregt, dass sie sich dreimal 25 verwählt.

Endlich klappt es.

»*Jugendnotdienst*. Was kann ich für dich tun?«

---

der Jugendnotdienst öffentliche Stelle, wo Tag und Nacht jemand bereit ist,
Jugendlichen zu helfen

Die Frauenstimme klingt freundlich.

»Ich ... ich möchte fort von zu Hause. Sie ... sie wollen mich verheiraten. Aber ich will nicht.«

Sibel redet und redet.

5

Es geht alles durcheinander, aber die Frau versteht sie.

»Hör zu«, sagt sie. »Du kannst mir gleich alles in Ruhe erzählen. Ich gebe dir die Adresse, und du rufst dir auf unsere Kosten ein Taxi und lässt dich hierher fahren.«

10

Wenige Minuten später sitzt Sibel in einem Taxi.

Es bringt sie in Sicherheit.

Der Brief an Matze

»Ein Brief von Sibel!«
    Lola drückt Matze den Brief in die Hand.

Matze kann es nicht glauben.
5   Über zwei Monate wartet er nun schon auf ein Lebens-
zeichen von seiner Freundin.
    Er hat *getrauert* und gelitten!
    Warum war Sibel ohne ihn gegangen?
    Er wollte alles für sie aufgeben. Aber sie war allein ge-
10 gangen.
    Ohne Abschied.

Hastig reißt er den Briefumschlag auf.
    Zwei Seiten!

15

»Lieber Matze!«
Mein Herz blutet! Jeden Tag denke ich an dich!
    Ich wohne an einem geheimen Ort. Du darfst nicht wis-
sen, wo es ist.
20   Es ist zu gefährlich. Nicht nur für mich, auch für dich,
Matze.
    Meine Familie sucht immer noch nach mir. Sie dürfen
mich niemals finden!

---

trauern untröstlich sein

Es tut mir weh, dass ich dich nicht sehen oder sprechen kann!

Aber ich musste fliehen, denn mein Vater wollte mich zur Heirat zwingen. Mit dem Bruder meiner Stiefmutter.

Das konnte ich nicht. Nicht, nachdem ich dich kennen gelernt hatte. 5

Zwei Monate bin ich nun schon von zu Hause weg. Die erste Nacht war ich bei den Leuten vom Jugendnotdienst. Ich habe mich dort sehr sicher gefühlt. 10

Am nächsten Morgen haben sie mich in eine türkisch-deutsche WG gebracht. Die ist nur für Frauen. Wir sind alle auf der Flucht vor unseren Familien.

Ich gehe auch wieder zur Schule. Weit weg. Niemand kennt mich dort. 15

Ach, und ich habe jetzt blonde Haare.

Oh, Matze! Warum ist alles so kompliziert? Aber weil ich dich liebe, muss ich dich schützen. Meine Brüder lassen dich sicher nicht aus den Augen. 20

Bitte, bring dich und mich nicht in Gefahr! Mein größter Wunsch ist es, dich eines Tages wiederzusehen!

Deine Sibel.«

---

die WG Wohngemeinschaft, Gruppe von Personen, die zusammen in einer Wohnung oder in einem Haus leben und gemeinsam den Haushalt führen

Fragen

1. Wie findet Sibel das Leben in Deutschland?
2. Worüber wundert sich ihre Freundin Lola?
3. Was dachte Lola über Sibel, als Sibel in die Klasse kam?
4. Und wie findet Lola sie heute?
5. Lola will, dass Sibel mit zum Schulfest kommt. Wie soll das ihrer Meinung nach gehen?
6. Was passiert während des Schulfestes?
7. Woran denkt Sibel, als sie im Bett liegt?
8. In welcher Weise verändert sich Sibel?
9. Worüber will der Lehrer mit ihr sprechen?
10. Was ist geschehen, während Matze krank war?
11. Warum erzählt er seinen Eltern von Sibel?
12. Wozu raten sie ihm?
13. Welchen Plan hat Matze?
14. Wie kommen ihm Sibels Brüder auf die Spur?
15. Was haben Sibels Eltern mit ihr vor?
16. Wie reagiert Sibel darauf?
17. Was schreibt Sibel in ihrem Brief an Matze?
18. Worauf hofft sie?

Sprachübungen

A. Jedes Wort an seinen Platz!

1. an, sie, sie, starren

2. ganz, sein, sicher, sie, will

3. an, einem, geheimen, ich, Ort, wohne

4. erzählt, hat, Lola, Matze, Plan, seinem, von

5. bin, Hause, ich, Monate, nun, schon, von, weg, zu, zwei

4 Kopftuch

B. Wie heißt es im Präteritum?

Er schaut sie nur an.

Sibels Augen strahlen wie Sterne am Abendhimmel.

Sein Herz klopft immer schneller.

Im Bauch hat er ein komisches Gefühl.

Sie legt ihr Gesicht in seine Hand.

Zärtlich beugt er sich zu ihr und küsst sie.

Es ist wie im Traum.

C. Welches der folgenden Wörter fehlt hier?

Familie - Heirat - Kopftuch - Mann - Schule

1. Sie bindet ihr _____ um.

2. Sie haben dir einen _____ ausgesucht.

3. Mein Vater will mich zur _____ zwingen.

4. Ich werde meine _____ verlassen.

5. Ich will zur _____ gehen.

4*

D. Wie heißt das Verb im Plural?

Hatice **sitzt** am Fenster. Der Vater und die Brüder

_____ um den Tisch herum.

Sibel **redet** und redet. Die Schüler _____ und

lachen.

Er **spricht** mit Hatice. Wir _____ später darüber,

sagt der Vater.

Die Tür **geht** auf. Alle _____ schlafen.

Sie **läuft** aus dem Zimmer. Tränen _____ ihr

über das Gesicht.

Lies auch andere spannende Bücher:

Jana Frey

»Sackgasse Freiheit«

Sofia wird zu Hause geschlagen. Deshalb läuft sie weg und lebt auf der Straße.

Sie ist einsam und verzweifelt. Ihr Alltag ist ein Kampf gegen den Hunger und die Kälte.

Erst nach langer schwerer Zeit bekommt sie wieder ein Zuhause.

ANDREAS SCHLÜTER

»Die Stadt der Kinder«

Ben liebt Computerspiele.

Plötzlich wird das Spiel wahr! Alle Erwachsenen verschwinden aus der Stadt.

Zuerst sind Ben und seine Freunde begeistert. Aber dann beginnen die Probleme. Einige Kinder wollen nur das machen, wozu sie Lust haben.

Es kommt zum Kampf.

CHRISTOPH WORTBERG

»Novembernacht«

Julias bester Freund ist plötzlich tot.

Sie kann nicht glauben, dass es Selbstmord war und will herausfinden, was hinter seinem Tod steckt.

Julia kämpft allein gegen alle und bringt sich dabei in große Gefahr.

INGE SCHOLL

»Die Weiße Rose«

Zwischen 1942 und 1943 schrieben und verteilten die Mitglieder der Weißen Rose Flugblätter gegen die Hitler-Diktatur.

Sie bezahlten dafür mit ihrem Leben.

In ihrem Bericht über ihre Geschwister Sophie und Hans und deren Freunde erzählt Inge Scholl, wie alles begann.